IMPRESSUM

Titel: An der Nahe
Von Bettina Bauch

© 2018
Alle Rechte vorbehalten.

Coverbild: Bettina Bauch
Covergestaltung: Eckhard Schmittner

An der Nahe

Bettina Bauch

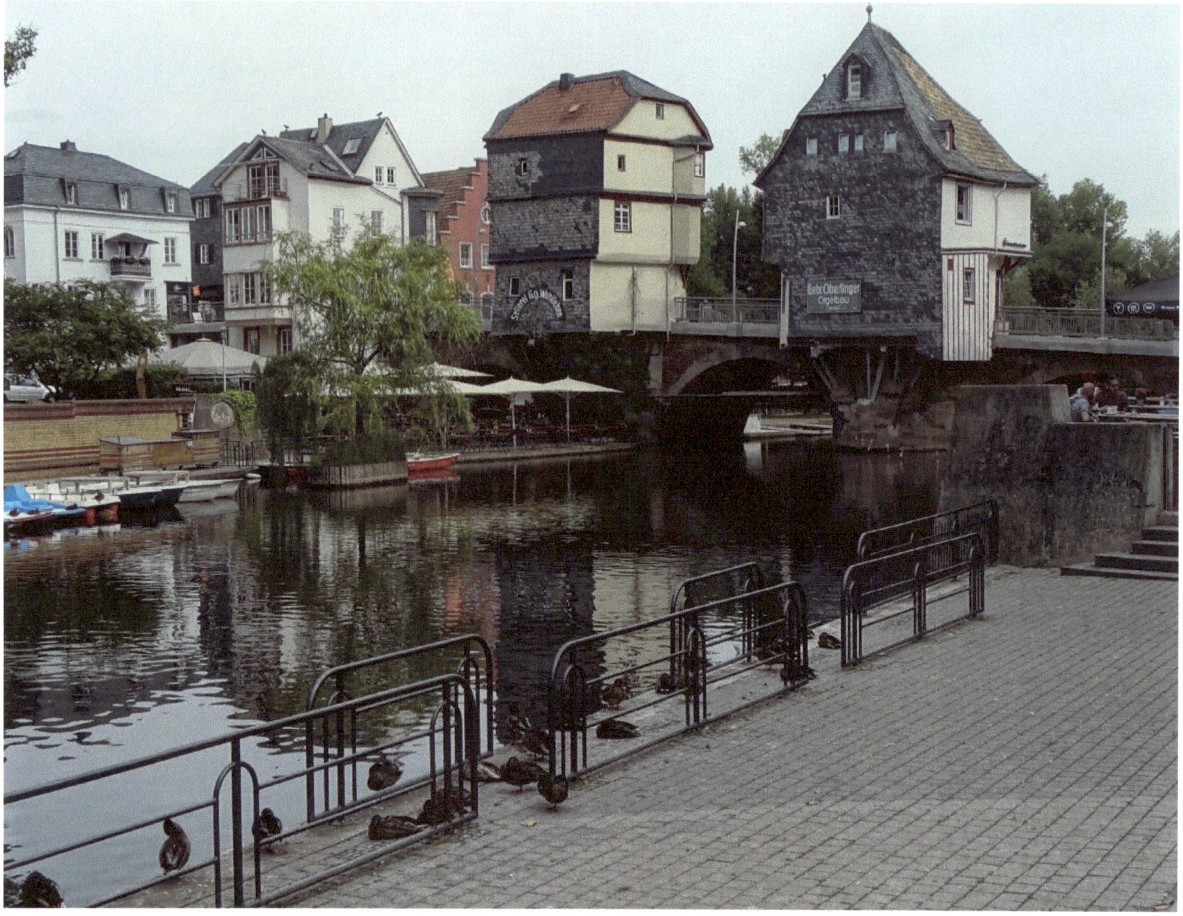

Seilerei Gg. Wohlleben
Gebr Oberlinger
Orgelbau

Seilerei Gg. Wohlleben

Seilerei Gg.Wohlleben

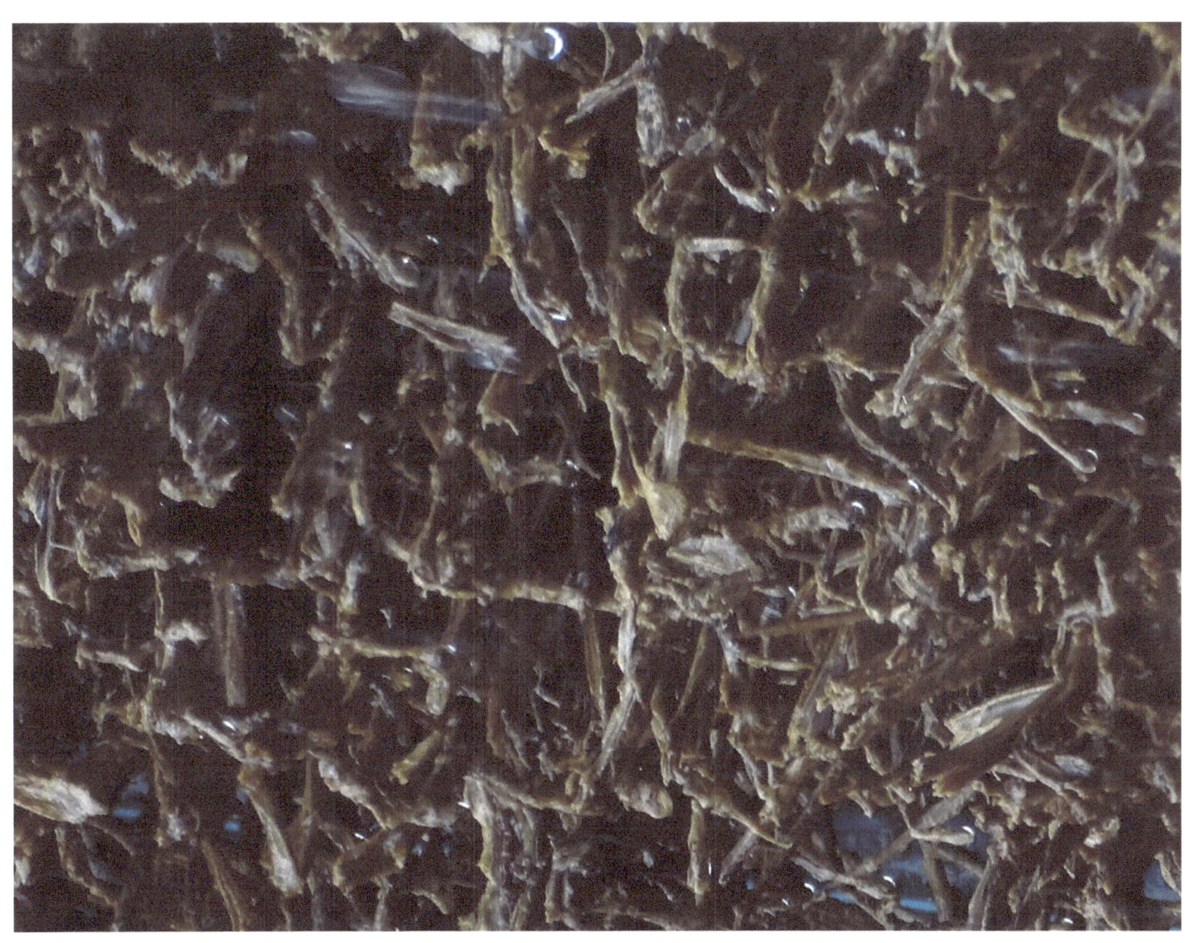

HOTEL

Weinstube im Brückenhaus

Von Bettina Bauch sind folgende Bildbände als eBook erschienen:

- **Schloßpark Lichtenwalde**
- **An der Nahe**
- **Riva del Garda bis Malcesine**
- **Lutherstadt Wittenberg**
- **Blumen Blüten**
- **Freiberg im Erzgebirge: Der DOM**
- **Limone**

Die eBooks sind auf folgenden Verkaufsplattformen erhältlich:

Weltbild, Amazon, Thalia, Hugendubel, Barnes & Noble,

Casa del Libro, iBookstore, Kobo/Fnac, Google iBooks,

e-Sentral, Scibd, bücher.de, XINXII, eBook.de und einige mehr

Bei Amazon sind als Taschenbuch momentan erschienen:

Schloßpark Lichtenwalde

Blumen Blüten

LIMONE